Cocina
tailande

recetas, métodos e i

> Autores: Thidavadee Camsong y Peter Lüffe | Fotografías: Jorn Rynio

EVEREST

Contenidos

Teoría

Recetas

Extra

«Khin Khao Läo Rüyang»

«¿Ha probado ya el arroz?», se pregunta en Tailandia a modo de saludo. Eso demuestra la gran importancia que tiene allí el arroz. En cada comida, compuesta de muchos y variados platos, como ensaladas o sopas, asados y estofados, platos suaves o picantes con carne, pescado o verduras, siempre acompañados de deliciosas salsas, se sirve una gran fuente con arroz jazmín. Se pone todo en la mesa y cada uno se sirve según sus preferencias. Un detalle con el que recibirá la aprobación de sus invitados.

Así se come en Tailandia

La cocina tailandesa tiene influencias de la cocina china, de la india, de la indonesia y de la malaya. Por eso es tan sabrosa y es una de las mejores cocinas del mundo.

El arroz es un elemento imprescindible en todos los platos tailandeses.

La comida más sencilla está compuesta por una sopa de arroz o un plato de arroz cocido, aderezado únicamente con «naam plaa» (salsa de pescado). Una gran fuente de arroz es el centro de toda comida tailandesa. Se come con uno o dos curries, algo de pescado, una sopa o una ensalada. No hay ningún orden riguroso en el menú,

todo llega a la mesa al mismo tiempo. Aunque el equilibrio en la combinación tiene un papel muy importante: se contrapone un plato suave a uno picante, a veces a uno líquido uno crujiente, uno a la parrilla a uno al vapor. Y también en la combinación de colores se aplica el principio de los opuestos.

Los tailandeses no conocen los desayunos que nosotros consideramos normales. Después del té, se come pasta o arroz cocido o frito, ¡para empezar bien el día! Por lo demás, no hay horario fijo de comidas. Los restaurantes abren más o menos a la hora de comer y la gente no necesita ir a comer a casa, la oferta es muy amplia. Además se puede llevar todo envasado y recién hecho.

Por las noches en casa se extiende una gran estera, sobre la que sentarse. Se reparten platos, fuentes, tenedores y cuchillos sobre la estera y se ponen los platos sin ningún orden preestablecido. Tampoco existe protocolo

alguno sobre cómo sentarse a la mesa, porque tradicionalmente no se utilizan ni mesas ni sillas.

No se come con palillos sino con cuchara y tenedor, aunque es la cuchara la que se lleva a la boca. ¡Naturalmente en los hoteles se ponen cubiertos! Como mejor se come el arroz glutinoso es simplemente con la mano derecha, formando bolitas que se mojan en los platos con salsa.

Por la noche, los tailandeses se divierten yendo a hermosos restaurantes tropicales con danza tailandesa. ¡Pero cuidado! A menudo se repite la misma canción: «¡Yo te invito, tú pagas...!» Las cuentas separadas son impensables para un tailandés, y más aún cuando se supone que los occidentales tienen mucho dinero. Por eso siempre es bueno estar sobre aviso...

La variedad en la cocina tailandesa empieza ya a la hora de hacer la compra.

Utensilios necesarios

Wok: El wok es una sartén multiusos de paredes altas. El metal del wok es muy fino, para que el calor se distribuya rápida y uniformemente. La superficie de cocción es bastante grande por ser especialmente profunda. El wok está indicado para saltear (pág. 7). Hay woks tanto para cocinas de gas como para cocinas eléctricas. Si no se tiene un wok , puede usarse una sartén grande de hierro fundido.

Mortero: El mortero es casi imprescindible en la cocina tailandesa. Con él se pueden trabajar las hierbas, especias y otros ingredientes hasta conseguir una sabrosa pasta. Puede adquirir estos morteros en tiendas asiáticas, o bien tráigaselo como recuerdo de Tailandia. Tiene que ser de piedra, por lo menos la mano. En su defecto, puede usarse una batidora.

Hornillo: Los hornillos originales tienen una chimenea en el centro y la parte de abajo se llena de ascuas. Generalmente no sirven para cocer la comida sino más bien para conservar la sopa caliente, para que llegue hirviendo a la mesa, aunque el tailandés prefiere comer la comida templada. También se pueden cocinar en la mesa diversos platos de carne o verdura en el caldo con cucharas de mimbre.

Vaporeras de bambú: Las vaporeras de bambú se componen de cestitas de bambú, unas metidas dentro de otras, que se ponen en una cazuela con poca agua. Así los alimentos se cuecen al vapor con extraordinaria delicadeza. Es importante cerrar bien la tapadera de las vaporeras.

Preparar el arroz

El arroz es un ingrediente fundamental de la cocina tailandesa. En cada comida se sirve una gran fuente de arroz jazmín. Para las recetas con arroz frito, deje que se enfríe el arroz después de cocerlo o incluso puede usar el arroz del día anterior.

Arroz aromático tailandés

Khao suay

PARA 4 PERSONAS

➤ **250 g (9 oz) de arroz aromático tailandés**

CONSEJO

Si prepara arroz muy a menudo, merece la pena hacerlo con un hervidor de arroz asiático. El arroz se cuece instantáneamente, el hervidor se desconecta tan pronto el arroz está cocido, y además mantiene el arroz caliente durante todo el día.

1 *Lavar bien el arroz con agua fría en un colador.*

2 *Poner el arroz en una cazuela y añadir unos ¾ l (27 fl oz) de agua. El agua debe quedar 2 cm (1 pulgada) por encima del arroz.*

3 *Tapar, llevar a ebullición, dejar qu cueza durante 20 min a fuego lent hasta que haya absorbido el agua completamente.*

Preparar y cocinar

Saltear

El método más importante en la cocina tailandesa es el salteado. Para saltear los tailandeses emplean unos palillos grandes especiales o una espátula de cocina. Todos ellos están a la venta en tiendas asiáticas. El proceso de elaboración dura sólo unos minutos. Los ingredientes tienen que estar ya cortados antes de empezar. Cuando el aceite esté muy caliente se reparte uniformemente girando el wok. Generalmente es en este momento cuando se fríe el ajo (¡sólo un poco para que no se queme!). Luego hay que ir incorporando los ingredientes ya preparados: primero las carnes o verduras que necesiten más tiempo. Mientras tanto, no debe dejar de remover los alimentos del wok continuamente. Por la gran temperatura a la que son sometidos, los poros de los alimentos se cierran rápidamente, y es así como se mantienen óptimamente su sabor y color particulares.

Freír

Calentar a 180 °C (360 °F) en la freidora, el wok, una sartén profunda o una cazuela pesada, el aceite necesario para que lo que vaya a freírse flote. Introducir porción a porción en el aceite y cuando esté frito escurrir sobre papel de cocina.

Poner en remojo

Ponga en remojo los ingredientes secos como las setas antes de usarlos. Es más rápido ponerlos en agua caliente. El agua del remojo puede reutilizarse, pero antes hay que colarla.

Cortar

Los ingredientes de la cocina tailandesa se cortan en dados o tiras regulares, y que sean lo más cómodos posible a la hora de comer. De esta forma se reduce el tiempo de cocción y las especias impregnan mejor los ingredientes.

Picar

Cuando tenga que picar ingredientes como el ajo o el jengibre, hágalo con un cuchillo pesado y mediante movimientos cruzados, hasta alcanzar el tamaño deseado. En cualquier caso el resultado no debe tener la textura de un puré.

Arroz glutinoso tailandés y postres

Arroz glutinoso tailandés (khao niau)

Para 4 personas: Poner 250 g (9 oz) de arroz glutinoso en agua fría durante 12 h. Escurrirlo y ponerlo al fuego con ³/₄ l (27 fl oz) de agua fría (1 cm / ¹/₂ pulgada de agua por encima del nivel del arroz). Cocer tapado por lo menos 20 min, hasta que el arroz haya absorbido toda el agua.

Consejo: El arroz resulta ideal hecho en el hervidor de arroz.

Mango con arroz glutinoso (kao niau jun mamuang)

Para 4 personas: Preparar 100 g (4 oz) de arroz glutinoso y dejar que se enfríe. Tomar 2 cs de la capa superior de una lata de 200 ml (7 fl oz) de leche de coco. Ponerla al fuego en una cazuela con ¹/₂ ct de espesante, 1 pizca de sal y 8 cs de agua, mezclar y dar un hervor, retirar del fuego y mezclar con el arroz. Pelar 2 mangos maduros, deshuesarlos y cortar la pulpa en rodajas. Poner el arroz en un plato, adornarlo con las rodajas de mango y regarlo con la salsa de coco.

Plátanos fritos (gluei tod)

Para 4 personas: Hacer una masa líquida con 50 g (2 oz) de harina de tempura, ¹/₈ l (4 fl oz) de agua, 1 cs de azúcar y 1 pizca de sal. Mezclar 3 cs de copos de coco y 1 cs de semillas de sésamo. Pelar 2 plátanos y darles un corte longitudinal y otro transversal. Calentar 1 l (35 fl oz) de aceite. Pasar por la masa los 8 trozos de plátano y dorarlos unos 2 min en el aceite a fuego vivo. Ponerlos a escurrir sobre papel de cocina, colocarlos en una bandeja y regarlos con 4 cs de miel.

Naranjas confitadas (som loy gäo)

Para 4 personas: Poner en una cazuela 100 g (4 oz) de azúcar moreno y ¹/₂ l (17 fl oz) de agua a fuego medio durante 20 min, hasta conseguir un almíbar espeso. Remover de vez en cuando y dejar que se enfríe. Pelar cuatro naranjas, desechando también la piel blanca, y cortarlas en rodajas de 1 cm (¹/₂ pulgada) de grosor. Verter sobre las rodajas de naranja el almíbar y ¹/₈ l (4 fl oz) de licor de naranja Poner en el frigorífico durante 12 h .

Salsas picantes

Salsa agridulce picante

(naam jim priau wan)
Para 4 personas: Triturar en un mortero ½ pimiento rojo, 1 diente de ajo y 2 chiles rojos frescos, verter la picada en un cazo pequeño. Añadir ¼ l de agua, 10 cs de vinagre de arroz (en su lugar puede usar vinagre de vino) y 10 cs de azúcar. Cocer a fuego medio durante 30 min.

Salsa sencilla de chile (nam jim prikbon)

Para 4 personas: Pelar 2 ajos y machacarlos en el mortero, añadir 4 cs de salsa de pescado, 2 cs de zumo de lima, 1 cs de azúcar de palma y 1 cs de chile en polvo. Mezclar los ingredientes hasta que el azúcar se haya disuelto.
Consejo: En lugar del zumo de lima puede emplearse jarabe de tamarindo, que usted puede preparar poniendo un trozo de tamarindo del tamaño de una nuez en 5 cs de agua caliente durante 10 min y después amasándolo muy bien.

Salsa de chile con cilantro

(naam plaah prik)
Para 4 personas: Lavar 4 chiles y machacarlos en un mortero o cortarlos en aros. Pelar y picar muy fino 1 diente de ajo. Mezclar el chile y el ajo con 3 cs de salsa de pescado y 2 cs de zumo de lima. Picar muy fina 1 ramita de cilantro y añadir a la salsa de chile.
Consejo: En esta salsa se pueden poner rodajas finas de chalota o de cebolla morada.

Salsa de cacahuete

(naam jim muh sate)
Para 4 personas: Machacar en el mortero 150 g de cacahuetes tostados con sal. Calentar 2 cs de aceite a fuego medio en una cazuela pequeña, y mientras que se dora añadir 2 cs de chile rojo a la pasta. Incorporar una lata de leche de coco (de 400 ml / 14 fl oz), remover y cocer 1 min. Agregar los cacahuetes, 3 cs de azúcar de palma (en su lugar puede emplearse azúcar moreno), 1 ct de sal, 3 cs de vinagre de arroz (en su lugar puede emplearse vinagre de vino) y cocer unos 15 min.

9

Sopas, bocaditos y ensaladas

Aquí están los tentadores bocaditos de la cocina tailandesa. Suaves o picantes, pero siempre sabrosos y aromáticos, y más fáciles de preparar de lo que usted piensa. En Tailandia no existe el clásico orden de platos, los entrantes y las sopas se sirven a la vez que los platos principales. ¡Pruébelo! Verá cómo usted también experimenta «sanuk», que en el idioma de los tailandeses significa alegría. Como guarnición se sirve arroz jazmín tailandés.

Recetas rápidas

Ensalada de atún

Yam plaah tuna

PARA 4 PERSONAS

➤ 2 latas de atún en aceite, de 150 g (6 oz) cada una, peso escurrido | 4 chalotas | 5 ramitas de toronjil | 3 ramitas de menta | 3 cs de salsa de pescado | 3 cs de zumo de lima | 3 ct de chile en polvo

1 | Deshacer el atún con un tenedor. Pelar las chalotas, cortarlas en aros finos. Lavar el toronjil, enrollarlo y cortarlo en tiras finas. Arrancar las hojas y lavarlas.

2 | Mezclar bien el atún, las chalotas, las hojas de toronjil, la salsa de pescado y el zumo de lima. Añadir chile al gusto, colocar en un plato y espolvorearlo con hojas de menta.

Buñuelitos fritos

Giau grob

PARA 4 PERSONAS

➤ 1 diente de ajo | 150 g (6 oz) de carne picada mixta | 1 cs de salsa de pescado 1 l (35 fl oz) de aceite vegetal neutro 20 hojas de pasta won ton | 1 tazón de salsa agridulce picante (receta pág. 9)

1 | Pelar el ajo, picarlo fino y mezclarlo bien con la carne picada y con la salsa de pescado. Calentar el aceite.

2 | Poner 1 ct de relleno en cada una de las hojas de pasta, doblar hacia arriba las puntas, juntarlas formando paquetitos y presionar suavemente. Dorar los buñuelitos uno a uno en el aceite caliente durante 2 min. Escurrir. Servir con la salsa agridulce picante.

11

económica | rápida

Sopa de tofu de seda

Tom djüt tauhuh oon

PARA 4 PERSONAS

➤ 300 g (11 oz) de carne picada de cerdo

4 cs de salsa de pescado

3 ramitas de cilantro

5 dientes de ajo

200 g (7 oz) de tofu de seda

3 cs de aceite vegetal

2 cs de caldo de pollo granulado

pimienta

○ Elaboración: 20 min

➤ Aprox. 200 kcal por ración

1 | Mezclar la carne picada con 1 cs de salsa de pescado. Lavar y cortar el cilantro en trozos grandes.

2 | Pelar y picar finos los ajos. Cortar el tofu en rodajas de 1 cm (½ pulgada) de grosor.

3 | Calentar el aceite, dorar los ajos, reservar. Hervir 1½ l (52 fl oz) de agua con el caldo granulado de pollo e ir echando poco a poco la carne picada a la sopa con un tenedor. Dejar que cueza 2 min.

4 | Remover la salsa restante y dejar que hierva. Añadir el tofu de seda y espolvorear con el ajo ya dorado y el perejil.

CONSEJO

El ajo ya dorado puede comprarse en tiendas asiáticas. Esto le ahorrará un paso a la hora de preparar esta receta.

económica | rápida

Sopa de fideos transparentes con picadillo

Gäng djüt wunsen

PARA 4 PERSONAS

➤ 100 g (4 oz) de fideos transparentes

2 ramitas de cilantro (con raíz)

5 hojas largas de col china

3 dientes de ajo

½ ct de pimienta negra recién molida | ½ ct de sal

250 g (9 oz) de carne picada mixta

2 cs de caldo de pollo granulado

3 ct de salsa de pescado

○ Elaboración: 25 min

➤ Aprox. 270 kcal por ración

1 | Poner los fideos transparentes en agua caliente unos 10 min. Después dejar escurrir y darles unos cortes.

2 | Lavar el cilantro. Picar las hojas y los tallos, dejar las raíces aparte. Lavar la col china y cortarla en juliana. Pelar los ajos y machacarlos en el mortero, con la raíz de cilantro, la pimienta y la sal.

3 | Salpimentar un poco la carne picada. Poner al fuego 1 l (35 fl oz) de agua con el caldo de pollo granulado y con la pasta de ajo y cilantro. Ir echando poco a poco la carne picada a la sopa con un tenedor y dejar cociendo 2 min a fuego medio.

4 | Revolver la col china, los fideos transparentes y la salsa de pescado y cocer durante 1 min más. Añadir sal al gusto. Espolvorear el cilantro picado y la pimienta.

clásica | picante

Sopa de pollo con toronjil

Tom khaa gai

PARA 4 PERSONAS

➤ 2 ramitas de toronjil

2 trozos de galanga del tamaño de 1 nuez

3 hojas de limonero

250 g (9 oz) de setas de ostra o de champiñones

2 tomates medianos

3 chiles tailandeses frescos

500 g (1 lb) de pechuga de pollo en filetes

1 lata de leche de coco (400 ml / 14 fl oz)

4 cs de zumo de lima

4 cs de salsa de pescado

hojas de cilantro para decorar

🕐 Elaboración: 30 min

➤ Aprox. 185 kcal por ración

1 | Lavar el toronjil y cortarlo en trozos de unos 3 cm (1 pulgada). Lavar la galanga y cortarla en rodajas finas. Lavar las hojas de limonero y cortarlas en 4 trozos.

2 | Limpiar las setas y cortarlas en trozos pequeños. Lavar los tomates y cortarlos en cuartos, quitarles los rabitos. Lavar los chiles y cortarlos en aros finos. Cortar los filetes de pechuga de pollo en trozos pequeños.

3 | Calentar la leche de coco. Añadir el toronjil, las hojas de limonero y la galanga. Cocer a fuego lento 2 min y sin tapar.

4 | Agregarle unos ¾ l (27 fl oz) de agua y calentar. Añadir la carne, las setas y los tomates y hervir a fuego lento otros 5 min.

5 | Poner en una sopera los chiles, el zumo de lima y la salsa de pescado. Verter la sopa caliente, adornar con las hojas de cilantro y servir.

CONSEJOS

TORONJIL Y GALANGA
El toronjil y la galanga por regla general no se comen, aunque a veces se haga.

CHILES
A quien no le gusten los platos muy picantes, puede poner menos chiles o quitarles las semillas.

CAMBIAR INGREDIENTES
La sopa también sabe rica con filetes de gallineta o de bacalao en sustitución de la carne de pollo.

famosa receta

Sopa de pescado con leche de coco

Tom plaah gati sod

PARA 5 PERSONAS

➤ 500 g (1 lb) de filetes de pescado (merluza, bacalao o gallineta)

6 cs de salsa de pescado

$1/2$ ct de pimienta negra recién molida

2 tallos de toronjil

2 tomates medianos

2 trozos de galanga del tamaño de una nuez

6 hojas de limonero

3 ramitas frescas de cilantro

5 chiles tailandeses frescos

2 latas de leche de coco (de 400 ml / 14 fl oz cada una)

4 cs de zumo de limas

🕐 Elaboración: 35 min
➤ Aprox. 135 kcal por ración

1 | Cortar los filetes de pescado en trozos pequeños. Mezclar con 2 ct de salsa de pescado y con la pimienta, taparlo y marinar en frío 20 min.

2 | Mientras, lavar los tallos de toronjil, la galanga y las hojas

de limonero. Cortar el toronjil en trozos de unos 3 cm, pelar la galanga y cortarla en rodajas finas. Cortar en cuartos las hojas de limonero, lavar el cilantro y cortarlo en aros.

3 | Poner en una cazuela la leche de coco con el toronjil, la galanga y las hojas de limonero y llevar a ebullición. Añadir los trozos de pescado y 4 cs de salsa de pescado. Cocer durante unos 2 min a fuego medio. Verter en una fuente. Mezclar con el zumo de lima, los chiles y el cilantro.

4 | Antes de servir retirar la galanga, y si se quiere también el toronjil y las hojas de limonero.

clásica

Pastelitos de gambas

Tod man gung

PARA 4 PERSONAS

➤ 800 (2 lb) de gambas

3 dientes de ajo

2 ramitas de cilantro

$1/2$ ct de sal

$1/2$ ct de pimienta fresca recién molida

1 huevo

$1/2$ l (17 fl oz) de aceite vegetal neutro

➤ 1 tazón de salsa agridulce picante (receta pág. 9)

🕐 Elaboración: 30 min
➤ Aprox. 295 kcal por ración

1 | Pelar las gambas, quitarles la cola y la cabeza. Hacerles un corte por el lomo y limpiarlas. Picar las gambas muy finas.

2 | Pelar los ajos, lavar el cilantro y quitarle las raíces, machacarlas en el mortero con sal y pimienta. Añadir la carne de las gambas y hacer una pasta.

3 | Mezclar la pasta con el huevo en una fuente. Después modelar pastelitos de 5 cm con 2 ct de masa por pastelito.

4 | Calentar el aceite, dorar los pastelitos de gamba durante 2 min y escurrirlos en papel de cocina. Servir con salsa agridulce picante.

para invitados

Rollitos de primavera crujientes

Pbo-pbia

PARA 20 UNIDADES

➤ 20 hojas de masa de rollitos de primavera

100 g (4 oz) de fideos transparentes

100 g (4 oz) de col blanca

50 g (2 oz) de zanahorias
2 dientes de ajo | 2 cs de aceite

250 g (9 oz) de carne picada mixta

2 cs de salsa de pescado

1 cs de azúcar | 2 cs de salsa de ostras

1 clara de huevo

1 l (35 fl oz) de aceite vegetal neutro

➤ 1 tazón de salsa agridulce picante (receta pág. 9)

🕐 Elaboración: 50 min

➤ Aprox. 160 kcal por ración

1 | Descongelar los paquetes de masa de rollitos de primavera. Poner los fideos transparentes en romojo en agua caliente durante 10 min, escurrirlos y darles unos cortes con las tijeras de cocina.

2 | Limpiar la col y las zanahorias, lavarlas y cortarlas en tiras finas. Pelar los ajos y triturarlos.

3 | Calentar en la sartén 2 cs de aceite para el relleno. Dorar los ajos. Añadir la carne picada y freír durante 2 min a fuego vivo. Agregar la col, las zanahorias y la pasta. Aderezar con salsa de pescado, azúcar y salsa de ostras, dejar

3 min más a fuego medio. Dejar enfriar.

4 | Rellenar y hacer los rollitos de primavera como se muestra abajo.

5 | Poner aceite a calentar y freír los rollitos de primavera uno a uno durante 3 min. Escurrir bien y acompañar con la salsa agridulce picante.

1 Poner 2 cs de relleno sobre la masa y extenderla en diagonal.

2 Cubrir con media hoja de masa y fijar dando dos vueltas.

3 Doblar hacia dentro las puntas de los laterales. Terminar de enrollar los rollitos de primavera.

4 Untar con un pincel y presionar la esquina abierta, para que no se desprenda al freír.

para *gourmets*
Ensalada de marisco
Yam talee

PARA 4 PERSONAS

➤ 2 cebollas medianas
100 g (4 oz) de apio fresco
5 chiles tailandeses
3 dientes de ajo
4 cs de salsa de pescado
4 cs de zumo de lima
1cs de azúcar
750 g (1 ¾ lb) de marisco surtido

⏲ Elaboración: 30 min
➤ Aprox. 165 kcal por ración

1 | Pelar las cebollas, partirlas por la mitad y cortarlas en juliana. Lavar y picar el apio. Machacar en el mortero los chiles lavados con los ajos pelados y verter la picada en una ensaladera. Añadir la salsa de pescado, el zumo de lima y el azúcar. Mezclar bien.

2 | Escaldar el marisco con agua hirviendo 1 min. Sacar y escurrir inmediatamente. Agregar a la salsa junto con las cebollas y el apio y removerlo todo bien. Servir tibio.

CONSEJO

Quien no quiera la ensalada tan fuerte, puede añadir lechuga iceberg cortada en juliana.

para invitados
Ensalada tres amigos
Yam saam sahay

PARA 4 PERSONAS

➤ 50 g (2 oz) de zanahorias
50 g (2 oz) de col blanca
Unas hojas de lechuga o de lechuga iceberg
200 g (7 oz) de filetes de cerdo
200 g (7 oz) de pechuga de pollo en filetes
3 cs de aceite
200 g (7 oz) de gambas grandes (frescas o congeladas)
3 cs de pasta de curry frito (naam prik pao)
3 cs de salsa de pescado
3 cs de azúcar
3 cs de zumo de lima
50 g (2 oz) de anacardos

⏲ Elaboración: 55 min
➤ Aprox. 295 kcal por ración

1 | Pelar las zanahorias, limpiar la col. Cortar en tiras finas. Lavar las hojas de lechuga y ponerlas en una fuente. Repartir también sobre la fuente las zanahorias y la col.

2 | Cortar en tiritas la carne de cerdo y la de pollo, freírlas por separado con 1 cs de aceite cada una a fuego medio durante 2 min.

3 | Pelar las gambas y freír con el aceite restante durante 1 ó 2 min. Colocar los "tres amigos" en la ensaladera en forma de tiras.

4 | Mezclar bien la pasta de curry, la salsa de pescado y el azúcar con un poco de agua, poner al fuego y dar un hervor. Retirar del fuego y añadir los anacardos. A veces la salsa sigue teniendo un sabor agridulce, dejar que se enfríe y después echarla por encima de la carne y las gambas.

Con carnes y aves

¿Ha probado alguna vez la carne de cerdo con bambú y huevos en salsa de tamarindo? ¿No? Pues entonces hágalo inmediatamente, exactamente igual a como se hace en Tailandia. Platos con diferentes gamas de sabor, color, consistencia y formas de elaboración se contraponen y se complementan maravillosamente. ¡Picante y suave! ¡Claro y oscuro! ¡En su jugo y a la parrilla! Disfrute de la variedad, acompáñenos al reino de los sentidos y déjese llevar por las delicias de la cocina tailandesa: triunfará.

Recetas rápidas

Cerdo con albahaca

Panäng muh

PARA 4 PERSONAS

➤ 500 g (1 lb) de carne de cerdo (babilla)
½ pimiento rojo │ 3 hojas de limonero
200 ml (7 fl oz) de leche de coco │ 2 cs
de pasta de curry Penang │ 2 cs de
salsa de pescado │ 2 cs de azúcar
20 hojas frescas de albahaca tailandesa
(bai horapha)

1 │ Cortar la carne de cerdo en rodajas
finas. Cortar el pimiento en aros finos,
también las hojas de limonero.

2 │ Reservar 2 cs de leche de coco de la
parte más espesa. Cocer el resto en una
cazuela, mezclar con la pasta de curry y
cocer durante 2 min. Añadir todos los
ingredientes restantes y dejar al fuego
durante 5 min.

Hígado con cebollino

Pad dohk guischai

PARA 4 PERSONAS

➤ 400 g (14 oz) de cebollino │ 400 g
(14 oz) de hígado de cerdo │ 3 dientes
de ajo │ 3 cs de aceite │ 3 cs de salsa
de pescado │ 2 cs de salsa de ostras
1 cs de azúcar

1 │ Lavar el cebollino y quitarle la parte del
final, picarlo en trozos de 4 cm de longitud. Cortar el hígado en trozos pequeños.

2 │ Pelar los ajos, picarlos y dorarlos en
el aceite. Añadir el hígado y freír a fuego
vivo durante 3 min. Añadir el cebollino, la
salsa de pescado y la de otras, azúcar y un
poco de agua, y dejarlo cocer durante
1 minuto más. Condimentar con salsa
de pescado o de ostras.

también gusta a los niños

Costillas de cerdo con ajo y pimienta

Siih krong muh tod

PARA 4 PERSONAS

➤ 1 kg (2 ¼ lb) de costillas de cerdo

8 dientes de ajo

½ ct de pimienta negra recién molida

2 ct de sal

2 cs de azúcar moreno

3 cs de aceite.

🕐 Elaboración: 2 h 10 min

➤ Aprox. 525 kcal por ración

1 | Partir las costillas de cerdo en trozos de unos 5 cm (2 pulgadas). Pelar los ajos y machacarlos en el mortero con la pimienta y la sal. Añadir el azúcar a la pasta, untar la carne con ella y marinar al menos una hora.

2 | Calentar el aceite en una sartén muy grande y freír bien las costillas. Enjuagar con un poco de agua el recipiente en el que hemos marinado las costillas, y añadir esta agua a las costillas, tapar y cocer a fuego medio durante 30 min. Destapar y reducir la salsa durante otros 15 min.

3 | Disponer en una fuente y moler pimienta por encima.

CONSEJO
También puede cocer las costillas en el horno a la máxima temperatura.

picante | fácil de hacer

Cerdo con bambú

Pad phet muh sei noh mai

PARA 4 PERSONAS

➤ 400 g (14 oz) de filetes de cerdo (babilla)

3 cs de salsa de pescado

½ ct de pimienta negra recién molida

1 lata grande de brotes de bambú (540 g / 1 ¼ lb)

½ pimiento rojo y ½ verde

5 cs de aceite

2 cs de pasta de curry amarilla

2 cs de azúcar

🕐 Elaboración: 25 min

➤ Aprox. 250 kcal por ración

1 | Cortar la carne de cerdo en tiras pequeñas y mezclarla con 1 cs de salsa de pescado y con la pimienta, marinar por lo menos 10 min.

2 | Mientras tanto, poner los brotes de bambú en un colador, echarles agua fría y cortarlos en tiras finas. Lavar los pimientos, limpiarlos y después cortarlos en tiritas.

3 | Calentar el aceite en una sartén o en un wok, poner la pasta de curry. Cuando hayan pasado unos 2 min incorporar la carne. Subir el fuego e ir añadiendo los brotes de bambú, las tiras de pimiento, 2 cs de salsa de pescado, el azúcar y un poco de agua. Dejar que cueza 2 min sin dejar de remover.

CONSEJO
En lugar de cerdo se pueden emplear tanto pechugas de pollo como ternera, ya que ambos son apropiados.

requiere algo de tiempo

Brochetas de carne

Muh Sate

PARA 4 PERSONAS

➤ 500 g (1 lb) de filetes de cerdo (babilla)

Unos 40 pinchos de madera

1 trozo de galanga del tamaño de una nuez

1 ramita de toronjil

1 ct de semillas de cilantro

1 ct de cominos en polvo

$\frac{1}{2}$ ct de sal

$\frac{1}{2}$ ct de semilla negra recién molida

100 g (4 oz) de azúcar

1 cs de curry en polvo

1 lata de leche de coco (400 ml / 14 fl oz)

1 pepino

5 chalotas

1 chile rojo fresco

$\frac{1}{4}$ l de vinagre de arroz (en su lugar puede emplearse un vinagre de vino suave)

➤ 1 tazón de salsa de cacahuete (receta pág. 9)

🕐 Elaboración: 1 h 15 min

➤ Aprox. 570 kcal por ración

1 | Cortar la carne de cerdo en perpendicular al nervio en rodajas finas, después hacerlas tiras de 10 cm (4 pulgadas) de largo por 3 cm (1 pulgada) de ancho. Poner los pinchos de madera en remojo, para que después no se quemen en el grill.

2 | Pelar la galanga y picarla fina. Lavar el toronjil y cortarlo en rodajas finas. Machacarlas en el mortero con las semillas de cilantro y el comino. Mezclar la sal, la semilla negra, 2 cs de azúcar, el curry en polvo y 3 cs de leche de coco de la capa de arriba. Después condimentar la carne de cerdo con esta mezcla.

3 | Tapar y dejar macerar como mínimo 1 h. Después ensartar las tiras de carne macerada en la aguja.

4 | Para la ensalada pelar el pepino o lavarlo muy bien, partirlo a lo largo en cuatro trozos y después cortarlo en rodajas muy finas. Pelar las chalotas y cortarlas en rodajas muy finas. Lavar el chile, quitarle las semillas y cortarlo en aros finos. (Después lavarse muy bien las manos).

5 | Para aliñar la ensalada poner al fuego $\frac{1}{8}$ l (4 fl oz) de agua con vinagre, añadir el resto del azúcar y 1 pizca de sal, cocer un minuto y después dejar que se enfríe.

6 | Poco antes de servir mezclar la salsa de pepino con la salsa ya fría, después añadir un poco más de azúcar y de vinagre, a voluntad.

7 | Poner las brochetas en la barbacoa 3 min de cada lado, o en el grill del horno a 200 °C (410 °F), hasta que se doren, dándoles la vuelta de vez en cuando. Servirlas con la ensalada y con salsa de cacahuete templada.

CONSEJOS

Para las brochetas pueden emplearse filetes de ternera o pechuga de pollo.

En tiendas asiáticas puede adquirir especias mezcladas para el saté (también llamado satay). También se puede comprar la salsa de cacahuete ya preparada, lo cual le ahorrará mucho tiempo.

para invitados

Filete de ternera con berenjenas

Phad phet maküamuang

PARA 4 PERSONAS

➤ 500 g (1 lb) de filetes de ternera

3 cs de salsa de pescado

1 berenjena grande

$\frac{1}{2}$ pimiento rojo

3 ramitas de toronjil

5 chiles tailandeses frescos

5 cs de aceite

3 cs de salsa de ostras

1 cs de azúcar

30 hojas de albahaca tailandesa (bai horapha)

🕐 Elaboración: 35 min

➤ Aprox. 295 kcal por ración

1 | Cortar la carne de ternera en trocitos y mezclarlo con 1 cs de salsa de pescado.

2 | Lavar la berenjena y cortarla en trocitos. Después ponerla en agua fría. Cortar los pimientos en tiras. Lavar el toronjil y los chiles, limpiarlos y cortarlos en aros finos, después machacarlos en el mortero. (¡Cuidado que no le salte a los ojos el chile!)

3 | Calentar el aceite en una sartén o en un wok, freír la pasta de chile. Añadir el filete y mezclar bien. Incorporar la berenjena, el pimiento, la salsa de pescado restante y el azúcar, continuar rehogando durante 3 min a fuego vivo. Mezclar con la albahaca lavada. Si quiere puede aliñarlo con salsa de pescado y azúcar al gusto.

muy picante

Ternera a la pimienta verde

Pad nüa prik thai oon

PARA 4 PERSONAS

➤ 500 g (1 lb) de filete de ternera

2 cs de salsa clara de soja

$\frac{1}{2}$ cs de pimienta negra recién molida

1 pimiento rojo

150 g (6 oz) de pimienta verde

5 cs de aceite

2 cs de pasta de curry roja

3 cs de salsa de pescado

2 cs de azúcar

🕐 Elaboración: 25 min

➤ Aprox. 285 kcal por ración

1 | Cortar los filetes de ternera en trocitos. Mezclar con la salsa de soja y la pimienta, dejar macerar unos 15 min.

2 | Lavar el pimiento, limpiarlo y cortarlo en tiras. Lavar cuidadosamente la pimienta verde, para que los granos de pimienta no se separen del tallo. Partir el tallo en trozos de 3 cm de longitud.

3 | Calentar el aceite en una sartén o en un wok, freír la pasta de curry a fuego medio. Añadir la carne de ternera, la pimienta verde, las tiras de pimiento, la salsa de pescado, el azúcar y un poco de agua. Cocer todo durante unos 3 min a fuego medio y removiendo.

para invitados

Pato asado

Ped yang naam phüng

PARA 4 PERSONAS

- ➤ 1 pato limpio (de aprox. 2,2 kg / 5 lb)
- 10 dientes de ajo
- 3 ramitas de cilantro fresco
- ½ ct de sal
- ½ ct de pimienta negra recién molida
- 3 cs de salsa dulce de soja
- 3 cs de miel líquida
- 5 cs de vinagre de arroz (en su lugar puede emplearse vinagre de vino suave)
- 3 cs de azúcar
- 1 chile rojo

🕐 Elaboración: 2 h 50 min
🕐 Tiempo de maceración: 2 h
➤ Aprox. 1040 kcal por ración

1 | Lavar el pato y limpiarlo por dentro. Pelar los ajos, lavar el cilantro, sacudirlo y triturarlos en el mortero hasta conseguir una pasta. Mezclarlo con la sal, la pimienta, 1 cs de salsa de soja y la miel, frotar el pato por fuera con esta mezcla. Taparlo y dejarlo marinar en un lugar fresco durante 2 h.

2 | Poner al fuego un cazo con el vinagre, 3 cs de salsa de soja y el azúcar, dar un hervor y volver a enfriar. Lavar el chile cortarlo en aros finos y ponerlos en la salsa de soja.

3 | Precalentar el horno a 190 °C (390 °F), poner el pato en una bandeja a media altura. Después de unos 10 min, bajar la temperatura a 180 °C (375 °F) y continuar asando el pato unos 80-90 min más. Mientras tanto, remover de vez en cuando y echarle por encima el jugo que vaya soltando. Trinchar el pato y servirlo con la salsa de vinagre.

sorprendente

Pato con piña

Ped pad sapparot

PARA 4 PERSONAS

- ➤ 1 pato limpio (de aprox. 2,2 kg / 5 lb)
- 1 piña mediana
- ½ pimiento rojo y otro ½ verde
- 5 dientes de ajo
- 7 cs de aceite
- 2 cs de salsa de pescado
- 3 cs de salsa de ostras
- 1 cs de azúcar

🕐 Elaboración: 2 h 40 min
➤ Aprox. 1195 kcal por ración

1 | Preparar el pato según la receta básica (ver a la izquierda), separar la carne del hueso y cortarla en tiras pequeñas. Pelar la piña y cortar la pulpa en trozos.

2 | Lavar las mitades de pimiento, limpiar y cortar en trocitos. Pelar y picar el ajo. Calentar 5 cs de aceite en una sartén o en un wok y dorar el ajo. Añadir el pato y saltear a fuego vivo durante 3 min. Reservar y mantener caliente en el horno.

3 | En la misma sartén calentar otras 2 cs de aceite. Incorporar el ajo, los trozos de pimiento y de piña, la salsa de pescado y la de ostras, el azúcar y un poco de agua, saltear. Servir en un plato y poner encima los trozos de pato.

fácil de hacer | con fruta

Litchis rellenos en salsa de curry

Gäng kua litschi

PARA 4 PERSONAS

- 1 lata de litchis en almíbar (560 g / 1lb 2 oz)
- 4 rodajas de piña o piña en trozos (280 g / 10 oz)
- 250 g (9 oz) de carne picada de cerdo
- 3 cs de salsa de pescado pimienta negra
- 10 hojas de limonero
- 1 lata de leche de coco (400 ml / 14 fl oz)
- 2 cs de pasta de curry roja
- 1 cs de azúcar de palma (en su lugar puede usarse azúcar moreno)
- 2 cs de zumo de lima

Elaboración: 25 min

Aprox. 1205 kcal por ración

1 | Escurrir los litchis y la piña, guardar el jugo de piña. Mezclar la carne picada con 1 cs de salsa de pescado y un poco de pimienta negra, marinar unos 10 min.

2 | Cortar la piña en trozos pequeños, lavar las hojas de limonero, enrollarlas y cortar-las muy finas. Rellenar los litchis con la carne picada. Hacer albondiguillas con el resto de la carne.

3 | Poner un cazo al fuego con 4 cs de leche de coco de la parte más espesa, mezclar la pasta de curry, calentar a fuego lento unos 3 min sin dejar de remover. Incorporar el azúcar de palma, la salsa de pescado restante, el zumo de lima y un poco de jugo de piña, cocer 3 min más.

4 | Añadir las albondiguillas, los litchis y las hojas de limonero, cocer durante otros 5 min. Si lo desea, puede añadir salsa agridulce picante.

económica

Huevos con salsa de tamarindo

Khai luuk köi

PARA 4 PERSONAS

- 6 huevos
- 8 chalotas | 120 ml (4 fl oz) de zumo de tamarindo
- 100 g (4 oz) de azúcar
- 4 cs de salsa de pescado
- ½ l (17 fl oz) de aceite vegetal neutro | unas hoji-tas de menta para adornar

Elaboración: 20 min

Aprox. 405 kcal por ración

1 | Cocer los huevos durante 7 min. Interrumpir la cocción echándoles agua fría por encima. Pelar cuidadosamente para no romper la clara.

2 | Pelar las chalotas y cortar-las en aros finos. Mezclar el zumo de tamarindo con azúcar y salsa de pescado, poner al fuego durante 3 min. Si se quiere, se puede añadirse más salsa de pescado y más azúcar.

3 | Calentar el aceite en una cacerola grande. Dorar los huevos en el aceite caliente. Sacar los huevos de la cacerola y ponerlos sobre papel de cocina para que escurran la grasa. Dorar también los aros de chalota y escurrirlos.

4 | Cortar los huevos a lo largo por la mitad, regarlos con salsa de tamarindo y echar por encima la chalota frita. Adornar con hojas de menta previamente lavadas. Servir el resto de la salsa y la chalota por separado.

Arroz y pasta

¿Nostalgia? ¿Añoranza? Aquí llegan las recetas con valor sentimental para todos aquellos que ya hayan estado en Tailandia una o más veces. ¿Quién no conoce los restaurantes callejeros? Son capaces de sacar como por arte de magia platos de arroz y pasta de sartenes y woks en apenas un minuto. ¡Son riquísimos en ideas y variedad! Pruebe usted mismo alguna vez a picar los ingredientes, a freír, a añadir sabrosas pastas de curry y arroz y, ¡listo! ¡A sus invitados les encantará!

Recetas rápidas

Arroz frito con ternera

Khao pad nüa

PARA 4 PERSONAS

➤ 500 g (1 lb) de lomo de ternera │ 3 cs de salsa de pescado │ 5 dientes de ajo 300 g (11 oz) de judías verdes │ 8 cs de aceite │ 750 g (1 ¾ lb) de arroz cocido 4 cs de salsa clara de soja │ 2 ramitas de cilantro

1 │ Cortar la carne en tiras pequeñas y condimentarlas con la salsa de pescado. Pelar y picar el ajo. Cortar las judías verdes en trozos de 3 cm (1 pulgada) de longitud.

2 │ Dorar los ajos en 4 cs de aceite, reservar. Freír bien la carne en el aceite de oliva restante durante 3 min. Incorporar las judías verdes, freír 2 min más. Añadir el arroz y la salsa de soja sin retirar del fuego. Espolvorear con ajo picado y cilantro.

Arroz frito con verduras

Khoa pad pak

PARA 4 PERSONAS

➤ 3 dientes de ajo │ 200 g (7 oz) de brécol 200 g (7 oz) de zanahorias │ 4 cs de aceite │ 3 huevos │ 750 g (1 ¾ lb) de arroz cocido │ 2 cs de salsa de pescado 2 cs de salsa de soja │ 1 ct de azúcar

1 │ Pelar y picar el ajo. Lavar el brécol y seleccionar las cabezuelas. Pelar las zanahorias y cortarlas en rodajas finas.

2 │ Calentar el aceite en una sartén, dorar el ajo. Incorporar los huevos, remover hasta que cuajen y adquieran un color dorado. Añadir el brécol y las zanahorias y dcjarlo en el fuego unos 3 min. Mezclar el arroz removiendo y condimentar con salsa de pescado, salsa de soja y azúcar.

fácil de hacer | picante

Arroz con pasta de curry tostada

Khao pad namprik pao

PARA 4 PERSONAS

➤ 100 g (4 oz) de zanahorias

200 g (7 oz) de judías verdes

3 huevos

4 cs de salsa de pescado

½ ct de pimienta negra recién molida

6 cs de aceite

150 g (6 oz) de gambas secas

3 cs de pasta de curry tostada

750 g (1 ¾ lb) de arroz cocido ya frío (receta pág. 6)

🕐 Elaboración: 25 min

➤ Aprox. 495 kcal por ración

1 | Pelar las zanahorias, cortarlas a lo largo en cuatro trozos y después en dados. Lavar las judías verdes y trocearlas.

2 | Batir los huevos con 1 cs de salsa de pescado y la pimienta. Calentar 3 cs de aceite en una sartén, verter la masa y freír 1 min por cada lado hasta tener una tortilla dorada. Dejar enfriar y cortar en tiras.

3 | Calentar 3 cs de aceite en una sartén y freír en él las gambas unos 2 min. Añadir las zanahorias y las judías verdes, dejar que siga friéndose durante 2 min más. Añadir la pasta de curry y mezclar bien. Incorporar el arroz y el resto de la salsa de pescado, saltear durante 3 min más sin dejar de remover, hasta que el arroz esté listo.

4 | Si quiere puede condimentar con más salsa de pescado. Repartir en platos y adornar con las tiras de tortilla.

muy picante

Arroz con cerdo y albahaca

Khao pad grapau muu

PARA 4 PERSONAS

➤ 400 g (14 oz) de carne de cerdo (babilla)

3 ramitas de albahaca roja tailandesa

7 chiles

3 dientes de ajo

5 cs de aceite

750 g (1 ¾ lb) de arroz cocido ya frío

4 cs de salsa de soja

1 ct de azúcar

🕐 Elaboración: 25 min

➤ Aprox. 410 kcal por ración

1 | Cortar la carne de cerdo en perpendicular a los nervios y en tiras pequeñas. Separar las hojas de albahaca del tallo, lavarlas y secarlas, reservar 10 hojas de albahaca para la decoración.

2 | Lavar los chiles, pelar y picar los ajos.

3 | Calentar el aceite en una sartén y saltear en ella los chiles y el ajo. Añadir la carne y saltear todo a fuego vivo durante 2 min.

4 | Incorporar el arroz, la salsa de soja y el azúcar, dejar en el fuego 2 min más, añadir las hojas de albahaca. Distribuir en platos y decorar con las hojas de albahaca que habíamos reservado.

rápida | fácil de hacer

Arroz con piña
Khao pad sapparot

PARA 4 PERSONAS

➤ 2 cebollas medianas

  2 tomates

  1 lata de piña troceada
  (580 g / 1 ¼ lb)

  3 cs de pasas

  3 dientes de ajo

  3 cs de aceite

  2 huevos

  750 g (1 ¾ lb) de arroz
  cocido ya frío

  2 cs de salsa de pescado

  1 ct de azúcar

🕑 Elaboración: 20 min

➤ Aprox. 465 kcal por ración

1 | Pelar las cebollas, lavar los tomates y quitarles el rabillo. Cortarlos en daditos.

2 | Escurrir los trozos de piña (puede emplear el jugo para otra receta). Lavar las pasas con agua templada y escurrirlas. Pelar y picar los ajos.

3 | Calentar el aceite en una sartén grande, añadir el ajo y dorarlo. Incorporar los huevos, revolverlos y dejar que se doren a fuego medio.

4 | Añadir las cebollas y seguir friendo durante 1 min más. A continuación incorporar el tomate, los trozos de piña, las pasas y el arroz, cocer a fuego vivo sin dejar de remover. Condimentar con la salsa de pescado y el azúcar.

CONSEJO También le quedará muy bien con la salsa de chile con cilantro (receta en la pág. 9)

fácil de hacer | rápida

Arroz con atún
Khao pad plaah tuna

PARA 4 PERSONAS

➤ 3 dientes de ajo

  1 ramita de cilantro fresco

  1 lata de atún al natural
  (150 g / 6 oz peso
  escurrido)

  3 cs de aceite

  150 g (6 oz) de maíz

  150 g (6 oz) de guisantes

  150 g (6 oz) de pimiento
  rojo troceado

  750 g (1 ¾ lb) de arroz
  cocido ya frío

  2 cs de salsa de pescado

  1 cs de salsa clara de soja

🕑 Elaboración: 20 min

➤ Aprox. 455 kcal por ración

1 | Pelar y picar el ajo. Lavar el cilantro, cortar las hojas y el tallo.

2 | Escurrir y desmigar el atún.

3 | Calentar el aceite en una sartén grande y dorar el ajo en ella. Incorporar el atún y las verduras, saltear el atún y las verduras 2 min a fuego medio sin dejar de remover. Añadir el arroz, la salsa de pescado y la de soja, dejar en el fuego 2 min más. Probar el arroz, distribuir en platos y espolvorear con el cilantro.

CONSEJO Sírvalo acompañado de la salsa de chile con cilantro (pág. 9)

picante | fácil de hacer

Pasta con albahaca crujiente

Guathiau grapau grob

PARA 4 PERSONAS

➤ 300 g (11 oz) de pasta de arroz (de 2 a 3 cm / 1 pulgada de ancho)

400 g (14 oz) de filetes de pechuga de pollo (en su lugar puede emplear filetes de pavo)

5 ramitas de albahaca roja tailandesa

7 chiles tailandeses frescos

3 dientes de ajo

15 cs de aceite

2 cs de salsa de ostras

4 cs de salsa clara de soja

2 cs de azúcar

🕐 Elaboración: 25 min

➤ Aprox. 480 kcal por ración

1 | Cocer la pasta en agua hirviendo durante 3 min, después enfriar con agua y dejar que escurra.

2 | Cortar la pechuga de pollo en trozos. Lavar las hojas de albahaca y sacudirla bien para que escurra el agua, pelar el ajo, picar ambos en trozos pequeños.

3 | Calentar 12 cs de aceite en una sartén, añadir las hojas de albahaca y freír unos 3 min para que estén crujientes. Sacar de la sartén, dejar que escurran la grasa poniéndola sobre papel de cocina y reservar. Calentar el resto del aceite, incorporar los chiles y el ajo picado saltear un minuto, añadir la pechuga de pollo y dejar en el fuego unos 2 min más.

4 | Ir incorporando la pasta, la salsa de ostras, la de pescado, y el azúcar, sofreír bien durante 2 min. Por último entremezclar las hojas de albahaca crujientes.

suave | rápida

Pasta al huevo con brotes de soja

Bamie Pad

PARA 4 PERSONAS

➤ 300 g (11 oz) de pasta china al huevo

200 g (7 oz) de brotes de soja

2 cebollitas tiernas

3 dientes de ajo

3 cs de aceite | 2 cs de salsa de pescado y de salsa ostras | 1 cs de azúcar

🕐 Elaboración: 20 min

➤ Aprox. 360 kcal por ración

1 | Cocer la pasta durante unos 4 min en abundante agua hirviendo, según las instrucciones del paquete. Escurrir la pasta y ponerla debajo del grifo del agua fría.

2 | Lavar los brotes de soja, y si tienen tallos marrones quitarlos. Limpiar las cebollas, cortarlas a lo largo por la mitad, lavar las dos mitades de la cebolla y cortarlas en trozos de 3 cm (1 pulgada) de largo. Pelar y picar los ajos.

3 | Calentar el aceite en una sartén o en un wok. Freír el ajo durante 1 min, incorporar la pasta y sofreír todo a fuego medio.

4 | Añadir los brotes de soja, las cebollas, la salsa de pescado y la de ostras, el azúcar y sofreír todo durante 2 min, hasta que todo se haya calentado.

económica

Pasta de arroz con brécol

Pad Sii luh

PARA 4 PERSONAS

➤ 200 g (7 oz) de tallarines de arroz

200 g (7 oz) de carne de cerdo (babilla)

200 g (7 oz) de brécol

4 dientes de ajo

3 cs de aceite

2 huevos

2 cs de salsa de pescado

2 cs de salsa clara de soja

1 cs de azúcar

pimienta negra recién molida.

🕐 Elaboración: 25 min

➤ Aprox. 360 kcal por ración

1 | Cocer los tallarines unos 3 min en agua hirviendo según las instrucciones del paquete. Verter en un escurridor, echar agua fría y dejar que escurra bien.

2 | Cortar la carne de cerdo en perpendicular a los nervios en trozos pequeños y condimentar con 1 cs de salsa de pescado.

3 | Limpiar el brécol, separar los ramitos y lavar. Pelar los tallos, quitar las partes más duras y cortar en rodajas finas. Pelar y picar el ajo.

4 | Calentar el aceite en una sartén a fuego medio. Dorar el ajo. Incorporar la carne de cerdo y rehogar durante 1 min. Apartar la carne a un lado de la sartén. Cascar los huevos en la misma sartén, remover y freír hasta que estén dorados. Mezclar con la carne.

5 | Añadir el brécol y saltear durante 3 min. Ir incorporando la pasta, la salsa de pescado restante, la salsa de soja y el azúcar, mezclar todo muy bien, darle vueltas y saltear hasta que esté caliente. Colocar en una fuente la pasta de arroz con el brécol y espolvorear pimienta recién molida.

CONSEJOS

DARLE EL PUNTO EN LA MESA
En la mesa cada uno puede darle a la pasta su toque personal con vinagre, azúcar y chile en polvo.

CAMBIO DE INGREDIENTES
Por supuesto para esta receta pueden emplearse también pastas más finas.

agridulce | para invitados

Fideos salteados

Pad thai gung sott

PARA 4 PERSONAS

➤ 400 g (14 oz) de gambas crudas con cabeza y con cola de tamaño medio

3 cs de salsa de pescado

½ ct de pimienta negra recién molida

3 dientes de ajo

5 chalotas

100 g (4 oz) de cacahuetes tostados con sal

100 g (4 oz) de tofu sólido

500 g (1 lb) de brotes de soja

3 hojas de puerro grandes y verdes

2 limas

200 g (7 oz) de pasta de arroz fina

6 cs de aceite

50 g de gambas secas

2 huevos

2 cs de vinagre de arroz (en su lugar puede emplearse un vinagre de vino suave)

2 cs de azúcar

2 cs de salsa clara de soja chile en polvo (a gusto)

⏱ Elaboración: 1 h

➤ Aprox. 680 kcal por ración

1 | Quitar a las gambas la cabeza y la cáscara, conservando el final de la cola. Practicarles un corte en el lomo y limpiarlas. Mezclar las gambas con 1 cs de salsa de pescado y pimienta, dejar en maceración durante 10 min. Pelar el ajo y la chalota y picarlos finos. Machacar los cacahuetes en el mortero o con la batidora.

2 | Cortar el tofu en dados. Lavar los brotes de soja y reservarlos. Lavar las hojas de los puerros y cortarlas en tiras de unos 4 cm (2 pulgadas) de longitud. Lavar las limas con agua caliente, secarlas y cortarlas en cuatro trozos.

3 | Cocer la pasta en abundante agua hirviendo durante 2 min, verterla en un escurridor y ponerla debajo del grifo del agua fría.

4 | Calentar el aceite en un wok, sofreír el ajo, las chalotas, el tofu y las gambas secas a fuego vivo durante 1 o 2 min. Incorporar las gambas, remover durante 1 min y poner a un lado en el wok.

5 | Cascar los huevos en la superficie vacía de la sartén, remover y freír a fuego medio unos 3 min, hasta que se haya dorado la tortilla. Finalmente mezclar bien con los otros ingredientes. Añadir la pasta, la mitad de los brotes de soja, el puerro, el vinagre, el azúcar y 2 cs de salsa de pescado y otras 2 cs de salsa de soja, mezclar todo muy bien y calentar. Colocar todo en una bandeja y espolvorear los cacahuetes triturados. Escaldar durante 1 min los brotes de soja sobrantes. Servir estos brotes y la lima cortada en cuatro trozos en cuencos separados.

Pescados y mariscos

Tailandia posee una costa larguísima, rica en selectos pescados y mariscos. Por eso existen multitud de exquisitas recetas, de las que algunas son muy simples y fáciles de preparar. Cuando usted las pruebe, mimará a sus invitados con un pez mantequilla en salsa de lima o quizá con unos calamares rellenos, que dispuestos artísticamente sobre hojas de banano y decorados con orquídeas y hojas de limonero, también serán un bello banquete para sus ojos.

Recetas rápidas

Pescado al curry

Chuh chiih plaah

PARA 4 PERSONAS

➤ **2 caballas grandes, de 400 g (14 oz) cada una (o 3 pescadillas) | 10 hojas de limonero | 1 lata de leche de coco (400 ml / 14 fl oz) | 2 cs de pasta de curry roja | 3 cs de salsa de pescado | 3 cs de azúcar de palma**

1 | Lavar los pescados, quitarles la cabeza y la cola, cortarlos en diagonal por la mitad. Cortar las hojas de limonero en tiras muy finas.

2 | Coger 4 cs de la parte espesa de la leche de coco y ponerlas al fuego en un cazo. Añadir la pasta de curry roja y cocer 5 min a fuego medio sin dejar de remover. Incorporar la leche de coco, la salsa de pescado y el azúcar, luego el pescado y las hojas de limonero, y cocer 5 min.

Calamares con guindilla verde

Plaah mük pad prikyuak

PARA 4 PERSONAS

➤ **600 g (1 ¼ lb) de calamares | 5 chiles 5 dientes de ajo | 4 guindillas verdes 5 cs de aceite | 3 cs de salsa de ostras 2 cs de salsa de pescado | 1 cs de azucar | 4 ramitas de albahaca tailandesa (bai horapha)**

1 | Lavar los calamares y cortarlos en trozos pequeños. Limpiar los chiles y el ajo, picar y machacar en el mortero. Cortar las guindillas verdes en trozos.

2 | Calentar el aceite y rehogar la pasta de ajo y el chile. Incorporar el calamar, la guindilla y la albahaca, condimentar con la salsa de ostras, la salsa de pescado y el azúcar, saltear a fuego vivo durante 2 min.

47

exótica | picante

Albóndigas de pescado en salsa verde de curry

Gäng kiau waan lukschin plaah

PARA 4 PERSONAS

➤ 600 g (1 ¼ lb) de filetes de pescado (p. ej. bacalao, merluza, gallineta)

4 cs de salsa de pescado

½ cs de pimienta negra recién molida

5 trozos de raíz de krachai

50 hojitas de albahaca tailandesa (bai horapha)

1 pimiento rojo

1 lata de leche de coco (400 ml / 14 fl oz)

2 cs de salsa verde de curry

2 ct de azúcar

🕐 Elaboración: 25 min
➤ Aprox. 145 kcal por ración

1 | Amasar el filete de pescado con 1 cs de salsa de pescado y la pimienta 10 min. Hacer albóndigas con esta masa.

2 | Lavar la raíz de krachai, rallar la corteza con un cuchi-llo, cortar primero en rodajas y después en forma de bas-toncitos. Lavar las hojas de albahaca y escurrirlas. Lavar los pimientos, cortarlos por la mitad, quitarles las semillas y las nervaduras blancas, cor-tarlos en tiras.

3 | Poner al fuego la parte espesa de la leche de coco, mezclarla con la pasta de curry, hervir durante 3 min sin dejar de remover. Añadir la leche de coco restante y la salsa de pescado, así como el azúcar. Una vez esté bien cocido, incorporar las albón-digas de pescado y cocer durante 2 min. Agregar los bastoncitos de raíz de krachai y finalmente mezclar con las hojas de albahaca.

una buena receta

Pescado asado con toronjil

Plaah tod takrai

PARA 6 PERSONAS

➤ 1 kg (2 ¼ lb) de filetes de pescado (p. ej. merluza, bacalao, rape)

5 ramitas de toronjil

5 dientes de ajo

1 ct de sal

1 ct de pimienta negra recién molida

¼ l (9 fl oz) de aceite

🕐 Elaboración: 40 min
➤ Aprox. 340 kcal por ración

1 | Lavar los filetes de pesca-do, secarlos con papel de cocina y cortarlos en daditos. Lavar y picar el toronjil. Pelar y picar los ajos. Machacar en el mortero el ajo y el toronjil, la sal y la pimienta. Mezclar el pescado con la mitad de esta pasta y marinar unos 30 min.

2 | Calentar el aceite en una sartén profunda o en un wok, dorar el pescado 5 min y reti-rarlo. Poner la mitad restante de la pasta de toronjil en el aceite que hemos usado para el pescado y freír. Finalmente, rociar sobre el pescado.

CONSEJO

En lugar del pescado pueden emplearse 800 g (2 lb) de gambas.

fácil de hacer

Pescado asado en salsa de jengibre

Plaah tod kap king

PARA 4 PERSONAS

➤ 4 trozos de jengibre del tamaño del pulgar

1 pimiento rojo

5 dientes de ajo

½ l (17 fl oz) y 3 cs de aceite

800 (2 lb) de filetes de pescado (gallineta, bacalao, merluza)

2 cs de salsa de soja

2 cs de salsa de ostras

1 cs de azúcar

🕐 Elaboración: 20 min

➤ Aprox. 325 kcal por ración

1 | Pelar el jengibre y cortarlo en tiras finas. Lavar el pimiento y cortarlo en aros. Pelar y picar el ajo.

2 | Calentar el aceite en una sartén honda. Mientras, lavar los filetes de pescado, secarlos con papel de cocina y cortarlos en trocitos pequeños. Tan pronto como se haya calentado el aceite, freír los dados de pescado durante 5 min. Reservar.

3 | Calentar aceite en una sartén, dorar el ajo. A continuación, incorporar el jengibre, la guindilla, la salsa de soja y la de ostras, el azúcar y un poco de agua. Dejar al fuego 2 min y añadir los trozos de pescado frito.

para invitados | rápida

Pez mantequilla con salsa de lima

Plaah nüng manau

PARA 4 PERSONAS

➤ 1 pez mantequilla (de aprox 1 kg / 2 ¼ lb; en su lugar puede emplearse lenguado)

10 dientes de ajo

5 chiles rojos tailandeses

1 manojo de cebollino

5 cs de zumo de lima

1 ct de sal

3 cs de salsa clara de soja

🕐 Elaboración: 35 min

➤ Aprox. 180 kcal por ración

1 | Lavar el pez mantequilla y secarlo con papel de cocina. Dar unos cortes no muy profundos por los dos lados a una distancia de 2 cm (1 pul-gada; si elige lenguados, sólo lavarlos y secarlos). Poner el pescado o los filetes en una bandeja de hornear. Precalentar el horno a 190 °C (390 °F).

2 | Pelar el ajo y cortarlo en rodajas finas. Lavar los chiles y cortarlos en aros finos. Lavar el cebollino, escurrirlo y cortarlo en trozos de 3 cm (1 pulgada) de largo.

3 | Mezclar bien los aros de chile, las rodajas de ajo, el zumo de lima, la sal, la salsa de soja y ⅛ l (4 fl oz) de agua en una fuente, echarlo por encima del pescado. Poner en el horno (a media altura) unos 20 min. Espolvorear el cebollino sobre el pez mante-quilla y servir.

picante | fácil de hacer

Trucha a la parrila

Plaah samrieh prung rot

PARA 4 PERSONAS

- ➤ 4 truchas limpias de aprox. 250 g (9 oz) cada una
- 9 cs de salsa de lima
- 1 ct de sal
- pimienta negra recién molida
- ¼ de repollo (300 g / 11 oz)
- 1 zanahoria grande
- 10 dientes de ajo
- 7cs de aceite + otras 2 para rociar
- 1 cs de chile en polvo
- 2 cs de azúcar
- 3 cs de salsa de pescado
- ➤ 1 hoja de bananero para decorar, lavada y recortada (si se quiere)

⏲ Elaboración: 35 min
➤ Aprox. 360 kcal por ración

1 | Lavar las truchas y secarlas con papel de cocina. Dar unos cortes no muy profundos por ambos lados a una distancia de 2 cm (1 pulgada). Condimentar con 4 cs de zumo de lima y sal por dentro y por fuera, espolvorear con un poco de pimienta del molinillo.

2 | Lavar el repollo y las zanahorias, limpiar y cortar en tiras finas. Colocar en el lado de una bandeja, que si se quiere puede estar cubierta con una hoja grande de banano.

3 | Pelar el ajo y cortarlo en rodajas. Calentar en un cazo 5 cs de aceite, dorar el ajo durante 2 min y reservarlo con el aceite en un tazón pequeño. Para la salsa, calentar 2 cs de aceite en el mismo cazo, freír en él el chile en polvo. Retirar el cazo del fuego, añadir el azúcar, la salsa de pescado y las 5 cs de zumo de lima. Removerlo todo hasta que se haya disuelto el azúcar. Precalentar el horno a 200 °C (410 °F).

4 | Untar las truchas con 2 cs de aceite, ayudándonos con un pincel, y poner en la barbacoa o en el grill del horno 10 min aprox. De vez en cuando dar unas pinceladas de aceite.

5 | Dejar el pescado en la bandeja que habíamos preparado, poner el ajo por encima de las truchas y regar con la salsa de chile templada o servirla por separado.

Gambas con curry amarillo

Gäng garri gung

PARA 4 PERSONAS

➤ 800 (2 lb) de gambas

10 tomates cherry

2 cebollas medianas

1 lata de leche de coco

2 cs de pasta de curry amarillo

2 cs de salsa de pescado

1 cs de azúcar de palma (en su lugar puede emplearse azúcar moreno)

○ Elaboración: 25 min

➤ Aprox. 120 kcal por ración

1 | Pelar las gambas y quitarles la cabeza, dejar la cola. Hacerles un corte longitudinal en el lomo a las gambas ya peladas y limpiarlas.

2 | Lavar los tomates cherry y cortarlos por la mitad. Pelar las cebollas y partirlas en ocho trozos.

3 | Poner al fuego una cacerola con 5 cs de la parte más espesa de la leche de coco durante 2 min. Mezclar con la salsa amarilla de curry y dejar que

cueza otros 3 min, hasta que salga el aceite amarillo de la pasta de curry.

4 | Incorporar el resto de la leche de coco, la salsa de pescado, el azúcar, las cebollas y los tomates cherry, volver a calentar durante 3 min a fuego lento. Si se quiere, rectificar de azúcar y salsa de pescado.

Ensalada de gambas

Plaah gung

PARA 4 PERSONAS

➤ 600 g (1 ¼ lb) de gambas

10 hojas de limonero

2 ramitas de toronjil

3 chalotas

5 chiles tailandeses

3 cs de salsa de pescado

3 cs de zumo de lima

○ Elaboración: 25 min

➤ Aprox. 80 kcal por ración

1 | Pelar las gambas con cuidado, dejándoles la cola. A continuación, practicarles un corte a lo largo del lomo y limpiarlas.

2 | Cortar las hojas de limonero en finas tiras, cortar el toronjil y las chalotas peladas en aros finos. Lavar los chiles y picarlos muy finos.

3 | Poner las gambas en agua hirviendo durante 1 min y escurrirlas. Dejarlas en una ensaladera. Añadir el resto de los ingredientes y mezclar muy bien. Rectificar de sabor con la salsa de pescado y el zumo de lima.

sorprendente

Calamares rellenos

Plaah mük yad sai

PARA 4 PERSONAS

- **20 cuerpos medianos de calamar limpios**
- 1 trozo de jengibre del tamaño del pulgar
- 2 cebollitas tiernas
- 7 setas shiitake secas
- 1 ramita de cilantro (con raíz)
- 5 dientes de ajo
- $1/2$ cs de pimienta negra recién molida
- 350 g (12 oz) de carne picada mixta
- 2 cs de salsa oscura de soja
- 1 huevo | 4 cs de aceite
- 3 cs de salsa de ostras
- 2 cs de salsa de pescado
- 1 cs de azúcar

○ Elaboración: 40 min

- Aprox. 530 kcal por ración

1 | Lavar y secar los cuerpos de calamar. Pelar y picar el jengibre y 3 dientes de ajo. Limpiar las cebollitas tiernas, partir por la mitad a lo largo y cortar en trozos de unos 3 cm (1,18 pulgadas).

2 | Lavar las setas shiitake, ponerlas en remojo en un bol pequeño con $1/8$ l (4 fl oz) de agua caliente y taparlo, después escurrirlas y cortarlas en cuartos. Conservar el agua.

3 | Lavar el cilantro, deshojarlo y reservarlo. Machacar en el mortero la raíz con los 2 ajos restantes pelados y la pimienta. Mezclar la carne picada, la salsa de soja y el huevo con el majado de ajo y cilantro. Rellenar con ello el calamar.

4 | Calentar el aceite en una sartén. Freír el ajo picado y el jengibre en él. Poner los calamares rellenos y dorarlos durante unos 5 min a fuego medio por todos sus lados. Incorporar las setas, la salsa de ostras y la de pescado, el azúcar y el agua de las setas.

5 | Tapar y cocer a fuego lento los calamares durante 5 min. Añadir las cebollitas tiernas, dar un hervor y colocar en una bandeja. Decorar con las hojas de cilantro.

Aceite

En Tailandia se usan para freír sobre todo el aceite de cacahuete, el de soja y el de coco. Pero usted puede elegir cualquier otro aceite vegetal de olor y sabor neutros.

Aceite de sésamo

Se usa exclusivamente como condimento. Su fuerte aroma es característico de la cocina asiática.

Albahaca

En este libro se emplean dos tipos: albahaca (bai horapha) y albahaca roja (bai grapau). Sólo deben usarse hojas frescas. La albahaca tailandesa se compra en tiendas de productos asiáticos, no se puede sustituir por la albahaca europea.

Azúcar de palma

Se obtiene de la savia de un tipo de palmera. Su color va del amarillo claro al marrón. No es tan dulce como el azúcar blanco y tiene un ligero sabor a caramelo. Se vende en lata o en terrones.El azúcar moreno es un buen sustituto.

Brotes de bambú

Hoy en día se pueden conseguir en lata en todos los supermercados bien surtidos, aunque se venden frescos en las tiendas de productos asiáticos. Se emplean cortados muy finos en recetas de carne y de pescado.

Brotes de soja

Los brotes frescos se venden en muchos supermercados. Puede dejarlos germinar por sí mismos.

Chiles

En las tiendas de productos asiáticos los chiles presentan diferentes colores y tamaños; cuanto más pequeños son, más pican. Si no quiere que sus platos sean tan picante, quíteles las semillas, reduzca la cantidad que se da en las recetas y póngalo a su gusto. Lávese bien las manos después de trabajar con chiles, y tenga cuidado de no llevárselas a los ojos: escuecen muchísimo. Por eso hay que lavarlas inmediatamente con abundante agua clara.

Cilantro

Es la especia favorita en Tailandia. Da al plato un sabor especial, sobre el que hay división de opiniones: o se adora o se detesta. Usted mismo puede cultivar el cilantro a partir de las semillas.

Galanga

La raíz también es conocida como "el jengibre siamés", más grande y clara que el jengibre y con unas puntas de color rosa, da un sabor muy diferente al jengibre. En lugar de galanga, puede emplear polvo de Laos. La galanga se vende en tiendas de productos asiáticos, y puede congelarse sin que pierda sus propiedades.

Hojas de banano

Se usan mucho para cocer al vapor en la cocina tailandesa. A veces también se empaquetan alimentos en ellas. A nosotros sólo nos sirven para decorar, ¡pero cuidado! A nosotros nos salen bastante más caras que en Tailandia por los altos costes de transporte.

Hojas de limonero

Llegan a los platos sobre todo cocidas con el resto de los ingredientes o finamente cortadas en tiras en el plato. Hay que sacar las hojas enteras antes de comer, si están cortadas muy finas se pueden comer mezcladas con la comida. Se congelan bien.

Jengibre/ ajo

Se emplean profusamente en la cocina tailandesa. El ajo tailandés es más pequeño y suave que el europeo, aunque puede sustituirse por éste. Las raíces frescas de jengibre se pelan antes de usarse y se cortan en forma de bastoncitos finos o se rallan. Se conservan durante más tiempo si se cubren con arena. También puede encontrar el jengibre en polvo.

Leche de coco

En lata, sólo se encuentra en tiendas de productos asiáticos. La parte densa que está arriba, se conoce también como nata de coco. Usted mismo puede preparar la leche de coco: vierta $1/4$ l de agua hirviendo sobre 250 g (9 oz) de coco rallado, dejando infusar unos 15 min. Después mézclelo bien, cuélelo con un paño y exprímalo. También puede comprarse en polvo.

Limas

Estas pequeñas y jugosas frutas de piel fina, se utilizan en la cocina tailandesa o enriquecen algunos platos como el arroz frito. Tienen el doble de zumo que los limones y son más suaves y aromáticas.

Mango

Los mangos tailandeses se encuentran entre los más exquisitos. Los verdes se emplean en ensaladas y los maduros en postres tropicales.

Toronjil

De las largas ramitas se emplea sólo la mitad inferior. Presionar el toronjil con un cuchillo pesado antes de cortarla, para que el aroma salga mejor. Sacar los trozos antes de comer. Es apta para la congelación. También la hay cortada en trozos y seca.

Pasta de arroz

Estas pastas finas y blancas se fabrican a base de harina de arroz. Las hay de diferentes grosores: el calificativo «sen jai», por ejemplo, se aplica a una pasta que tiene de 2 a 3 cm (1 pulgada) de grosor.

Pasta para rollitos de primavera

Se puede comprar congelada o seca en las tiendas de productos asiáticos.

Pasta tailandesa de curry

El cocinero necesita armarse de mucho valor y fantasía para elaborar la pasta tailandesa de curry, ya que una buena pasta de curry es el punto de partida para una receta exquisita. La influencia de la cocina india se reconoce en el gusto por las diferentes salsas de curry, en cualquier caso en la India hay curry en polvo. La salsa de curry tailandesa contiene una gran cantidad de especias y hierbas diferentes, que en el mortero se convierten en una pasta que puede untarse. Cada salsa tiene su propio sabor, por lo que se recomienda no intercambiarlas arbitrariamente, lo que produciría sin duda resultados diferentes a los deseados. Las pastas de curry se mantienen en el frigorífico durante varias semanas. En las tiendas de productos asiáticos puede adquirir pastas de curry ya preparadas de excelente calidad, que son perfectamente recomendables, porque reducen considerablemente el tiempo de elaboración. Las pastas de curry más importantes son:
pasta roja de curry
  (gäng ped däng);

pasta verde de curry
  (gäng kiau wan);
pasta amarilla de curry
  (gäng garieh);
pasta tostada de curry
  (gäng prik pao)

Perejil chino
Véase cilantro.

Salsa de ostras

Esta salsa espesa se vende embotellada. Está hecha a base de extracto de ostras y salsa de soja, se conserva durante meses en frigorífico.

Salsa de pescado

Es una salsa espesa de pescado fermentado, que se usa en lugar de la sal. ¡Cuidado, tiene un olor muy fuerte! Debe evitarse que caiga en la ropa. Es indispensable en la cocina tailandesa, también para rectificar el sabor.

Salsa de soja

La hay clara y oscura, dulce y sin edulcorar. Utilice sólo la que está sin edulcorar para los platos tailandeses. La salsa oscura tiene un sabor más intenso.

Setas de árbol (Setas mu-err)

Estas setas se pueden comprar secas en los supermercados. Después de ponerlas en remojo debe quitarles el tallo duro.

Para su correcta utilización

Para que pueda encontrar con mayor rapidez las recetas y sus ingredientes, en este índice aparecen los más comunes, ordenados alfabéticamente y en **negrita**, con sus correspondientes recetas.

Los autores

Thidavadee Camsong (1963), trabajó primero como agente turístico en Bangkok, y luego en la agencia de viajes de su hermana como jefa de ventas. Su madre tenía un restaurante, en el que ella ayudaba de vez en cuando. Durante una larga estancia en un monasterio budista conoció la cocina vegetariana budista. Desde 1989 vive en Alemania, imparte cursos de cocina tailandesa y escribe para diferentes revistas especializadas.

Peter Lüffe (1951) es un cocinero cualificado, ganador de muchos premios culinarios. Ingeniero en Ciencia y Tecnología de los Alimentos, viajó durante años por casi toda Asia, aprendió tailandés en la Universidad Americana de Bangkok y afianzó sus conocimientos en el hotel Hilton de Tokio.

El fotógrafo

Jörn Rynio trabaja como fotógrafo en Hamburgo. Entre sus clientes se encuentran revistas, editoriales, y agencias de publicidad nacionales e internacionales. De su estudio proceden todas las fotografías de este libro, apoyado siempre por su estilista culinaria, Martina Mehldau.

Atención

Los grados de temperatura de los hornos de gas varían de un fabricante a otro. Para comprobar las posibles correspondencias, consulte las instrucciones de su horno.

Fotografías

FoodFotographie Eising, Martina Görlach: fotografía de portada
Stockfood: pág. 4.
Las restantes fotografías: Jörn Rynio

Jefa de redacción: Birgit Rademacher
Redacción: Stephanie Poziombka Dusy
Revisión: Margit Proebst
Corrección: Mischa Gallé
Maquetación, tipografía y diseño de cubierta: Independent Medien Design, Múnich
Producción: Maike Harmeier
Composición: EDV-Fotosatz Huber/Servicio editorial G. Pfeifer, Germering

Título original: *Thailändisch kochen, asiatisch leicht.*
Traducción: Mª Jesús Fernández Sánchez

ABREVIATURAS:

cs = cucharada sopera
ct = cucharadita de té
fl oz = onza fluida
g = gramo
h = hora
kcal = kilocalorías
kg = kilogramo
l = litro
lb = libra
min = minuto
ml = mililitros
oz = onza

© Gräfe und Unzer GmbH y EDITORIAL EVEREST, S. A.
Carretera León-La Coruña, km 5 - LEÓN
ISBN: 84-241-1706-9
Depósito Legal: LE: 278-2005
Printed in Spain - Impreso en España

EDITORIAL EVERGRÁFICAS, S. L.
Carretera León-La Coruña, km 5
LEÓN (ESPAÑA)

www.everest.es
Atención al cliente: 902 123 400

GLOSARIO DE TÉRMINOS

TABLAS DE EQUIVALENCIAS Y CONVERSIONES

España	Latinoamérica	En inglés
Albaricoque	Durazno, damasco	Apricot
Alubia blanca	Judía blanca, haba blanca	Beans
Beicon	Tocino de puerco, panceta, tocineta	Bacon
Cacahuete	Cacahuate, maní	Peanut
Calabacín	Calabacita, calabaza, zapallito	Zucchini
Callo, morro	Mondongo	Tripe
Cochinillo	Lechón, cochinita, cerdito	Piglet
Creps	Crepas, panqueque, arepas	*Crêpe*
Dulce, membrillo	Ate, dulce de cereza	Quince
Entremés	Botana, copetín, entremeses	*Hors d´oeuvre*
Especias diversas	Recaudo	Spice
Filete	Escalopa, bife, biftec	Steak
Fresa	Frutilla	Strawberry
Gamba	Camarón	Schrimp
Guisante	Chícharo, arveja, habichuelas	Pea
Helado	Nieve, mantecado	Ice-cream
Judía verde	Ejote, chaucha	String bean
Maíz	Elote, choclo	Corn
Melocotón	Durazno	Peach
Nata	Crema de leche, crema doble, natilla	Cream
Patata	Papa	Potato
Pavo	Guajolote	Turkey
Pimiento verde	Ají	Pepper
Plátano	Plátano macho, banana, guineo	Banana
Salpicón	Ceviche, ceviche criollo	
Salsa	Aliño, mole	Sauce
Sésamo	Ajonjolí	Sesame
Setas	Hongos, mushrooms	Mushrooms
Tomate rojo	Jitomate, tomate	Tomato
Tortilla	Torta, omelette, omellete	Omelet
Zumo	Jugo, néctar	Juice

PESO

Sistema métrico	Sistema anglosajón
30 g	1 onza (oz)
110 g	4 oz (1/4 lb)
225 g	8 oz (1/2 lb)
340 g	12 oz (3/4 lb)
450 g	16 oz (1 lb)
1 kg	$2^{1/4}$ lb
1,8 kg	4 lb

CAPACIDAD (líquidos)

ml	fl oz (onzas fluidas)
30 ml	1 fl oz
100 ml	$3^{1/2}$ fl oz
150 ml	5 fl oz
200 ml	7 fl oz
500 ml	17 fl oz
1 l	35 fl oz

LONGITUD

pulgadas	equivalente métrico
1 pulgada	2,54 cm
5 pulgadas	12,70 cm
10 pulgadas	25,40 cm
15 pulgadas	38,10 cm
20 pulgadas	50,80 cm

TEMPERATURAS (Horno)

°C	°F	Gas
70	150	1/4
100	200	1/2
150	300	2
200	400	6
220	425	7
250	500	9

COMPRAR

> Todos los ingredientes puede comprarlos en tiendas de productos asiáticos (y muchos en supermercados bien "equipados").

> Compre unas cuantas especias más de las necesarias y congele el resto. Se prestan a ello especialmente el chile, el toronjil y las hojas de limonero, el cilantro y la galanga.

> Piense que los productos tienen que venir expresamente de Bangkok, por lo que son relativamente caros.

Garantía de éxito para cocinar al estilo tailandés

PASTAS DE CURRY

> Las pastas de curry se conservan bien en el frigorífico

> Cada una tiene un sabor inconfundible, por lo que, ¡por favor!, no las intercambie en las recetas por capricho.

> Las pastas de curry no se pueden sustituir por curry en polvo.

EL AJO

> Merece la pena hacerse con una buena provisión de ajos dorados en la sartén, ya que aparecen en muchas recetas. Fríalos pelados y picados, deje que escurran y póngalos en una fiambrera de plástico. Se conservan en el frigorífico por lo menos durante 6 meses.

GAMBAS

> Las gambas deben ser siempre frescas y nunca deben oler a pescado.

> Antes de utilizarlas, extraer el intestino.

> Hay que estar atentos porque su tiempo de cocción es breve y hay que pararlo. Las gambas, al cocerse, adquieren un tono rosáceo (que no tomarían si el producto no es fresco o está estropeado).

10 consejos para triunfar

EL ARROZ
- Utilice sólo arroz jazmín tailandés (¡No confunda el arroz jazmín con el arroz glutinoso!).
- No remueva el arroz durante el proceso de cocción.
- Para el arroz frito use arroz frío del día anterior (el recién cocido se vuelve pastoso al freírlo).

LAS SALSAS
- Cuando se preparan recetas tailandesas merece la pena tener botellas grandes de salsa de pescado, de ostras y de soja. Incluso abiertas se conservan en el frigorífico durante meses.
- También la salsa agridulce picante hecha en casa (pág. 9) sirve para preparar muchos platos, y se conserva en el frigorífico durante 6 meses.

LECHE DE COCO
- La capa espesa de la superficie también se llama nata de coco.
- Ponga al fuego siempre la leche antes que la pasta de curry ¡nunca al contrario! Déjela en el fuego hasta que salgan el aceite de la leche de coco y el color de la salsa de curry.

HIERBAS AROMÁTICAS TAILANDESAS
- No confunda las dos variedades de albahaca tailandesa (véase pág. 58).
- No se pueden sustituir por variedades europeas. ¡Cambia por completo el sabor!
- Lave las hierbas con agua fría, escúrralas y consérvelas en una fiambrera de plástico.

CANTIDADES
- Las cantidades son sólo indicativas. Atienda a los hábitos de sus invitados y cámbielas llegado el caso.
- En la auténtica cocina tailandesa llegan a la mesa muchos platos a la vez. No hay ninguna división entre entrantes y segundos platos. Menos el postre, todo se sirve a la vez.

BEBIDAS
- Acompañe todos sus platos tailandeses con agua. No hay tradición vinícola como en Europa, y el vino no combina bien. Por ello, en este libro, no se dan consejos sobre la bebida. También son apropiados para la comida tailandesa los zumos de frutas y la cerveza fría.

Cocina tailandesa

recetas, métodos e ingredientes

La cocina tailandesa en toda su variedad: bocaditos, sopas, ensaladas picantes, delicias con o sin carne y con mariscos y pescados. Todas las recetas típicas del país, desde el pato con piña hasta el arroz glutinoso.

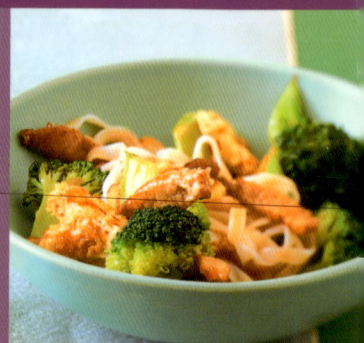

> **Receta básica:** Cómo cocinar el arroz
> **Métodos de cocina:** Típicos de Tailandia
> **Ingredientes:** Desde salsas hasta postres

ISBN 84-241-1706-9

Editorial Everest S. A.
www.everest.es

9 788424 117061